DES

VÉRIFICATIONS DE POUVOIRS

Par M. DE JANZÉ,

Ancien Député.

Amicus Plato magis amica veritas.

SAINT-BRIEUC

IMPRIMERIE FRANCISQUE GUYON, LIBRAIRE-ÉDITEUR,

RUES SAINT-GILLES, 4, & DE LA PRÉFECTURE, 1.

1876

DES VÉRIFICATIONS DE POUVOIRS

DES

VÉRIFICATIONS DE POUVOIRS

Par M. DE JANZÉ,

Ancien Député.

Amicus Plato magis amica veritas.

SAINT-BRIEUC

IMPRIMERIE FRANCISQUE GUYON, LIBRAIRE-ÉDITEUR,

RUES SAINT-GILLES, 4, & DE LA PRÉFECTURE, 1.

1876

PROLÉGOMÈNES

Les assemblées électives auxquelles la loi a confié la déli-
cate mission de vérifier les pouvoirs des membres qui les com-
posent ont, en cette matière, un pouvoir souverain, et les
verdicts qu'elles prononcent, soit *comme jury*, soit *comme tribunal*, sont sans appel.

Pour que l'opinion publique ratifie les verdicts et les arrêts
de ces assemblées, il faut que celles-ci ne se prononcent jamais
qu'en parfaite connaissance de cause (1) et qu'elles n'usent

(1) Il est impossible qu'il en soit ainsi aujourd'hui au Sénat et à la Chambre
des députés. En effet, ces assemblées, après la lecture d'un rapport d'élection,
lecture faite, le plus souvent, au milieu du bruit et de l'inattention générale,
statuent presque toujours *immédiatement* sur les conclusions présentées au
nom du bureau.

Dans ces conditions, seuls les membres du bureau vérificateur peuvent
prendre part *utilement* à la discussion, et l'immense majorité des juges de l'é-
lection prononce sans connaître ni les griefs articulés contre l'élection, ni les
objections que le rapporteur a opposées aux articulations produites, pour les
réduire à leur juste valeur.

qu'avec la plus excessive réserve du pouvoir *absolu* qui leur est accordé par la loi.

Une assemblée prononce *comme jury*, quand elle apprécie et

C'est donc, *en fait,* une véritable dépossession de l'Assemblée au profit du bureau vérificateur de l'élection ; en d'autres termes, la suppression de l'appel a l'Assemblée contre la décision prise par ce bureau.

Pour remédier au mal, j'avais proposé à l'Assemblée nationale de décider qu'une élection ne viendrait en discussion que lorsque tous les membres de l'Assemblée auraient entre les mains *le texte imprimé* du rapport fait sur cette élection.

En conséquence, je demandais, ou que, comme pour le moindre projet d'intérêt local, on fît imprimer et distribuer les rapports d'élections, ou, tout au moins, que le rapport lu un jour à la tribune, l'élection ne vînt en discussion que le lendemain, c'est-à-dire après que l'*Officiel* l'aurait reproduit.

Nous trouvons dans les dernières vérifications de pouvoirs de la Chambre des députés un exemple qui nous semble montrer toute l'utilité de cette facile et nécessaire réforme du règlement que l'Assemblée nationale a cru devoir repousser.

A la séance du 29 mars, M. Mallet lit un rapport sur l'élection de M. Poujade, élection *non contestée* et dont le bureau, *à l'unanimité,* demandait la validation.

M. Robert Mitchell demande le renvoi de la discussion de ce rapport au lendemain. *On n'a pas entendu,* dit-il, *un mot du rapport.*

Le renvoi au lendemain est repoussé, et un membre de la sous-commission se borne à relever les incidents de l'élection dans une des communes de la circonscription. Personne n'ayant entendu un mot du rapport, ni ce rapport ni les détails généraux de l'élection ne sont discutés et l'élection est validée par la Chambre. Cependant M. Poujade n'avait obtenu au second tour de scrutin que 6 voix de majorité.

Il y avait un excédant de 48 bulletins sur les émargements, c'étaient 48 voix a retrancher à M. Poujade.

Le rapporteur rétablissait, il est vrai, au profit de M. Poujade, 37 bulletins annulés à tort, mais il ajoutait, *sur la foi de protestations,* que les bulletins doubles en sus des émargements avaient été comptés au concurrent de M. Poujade, et que, *si on tenait compte de ce fait,* la majorité de M. Poujade se grossirait d'autant (considérations peu compatibles avec le principe du *secret du vote).* — Enfin, dans son calcul, on ne voyait figurer ni 20 bulletins *soustraits* au cours du dépouillement, *de l'aveu même du bureau,* ni les électeurs *ayant voté indûment,* d'après trois listes fournies par M. Poujade lui-même, etc., etc.

Cette élection, *non contestée par le bureau,* pouvait donc fort bien être contestée par la Chambre des députés, et le rapport était fort discutable... Mais on n'avait *pas entendu un mot du rapport.*

décide, suivant sa conscience, si tels ou tels faits, telles ou telles manœuvres ou irrégularités, ont eu sur l'élection qui lui est soumise une influence assez grande pour modifier le résultat du scrutin. Dans les questions de cette nature, le pouvoir de l'Assemblée est *absolu*, en fait et en droit, et cependant le *bien jugé* de ces questions de pure appréciation prête facilement à la critique.

Pour ne parler que des dernières vérifications de pouvoirs faites par le Sénat et par la Chambre des députés, on a, je le crois, fait dans le public une trop large part à la passion politique à propos de certains verdicts. Afin de rester dans les limites d'une juste et équitable critique, on peut se borner à dire : Si les élections des députés avaient été vérifiées par le Sénat, et celles des sénateurs par la Chambre des députés, il y aurait eu, ici moins d'invalidations et là moins de validations.

Une assemblée doit prononcer, non plus comme jury, mais *comme tribunal*, dans les questions de légalité et de chiffres. Dans ces questions, si son pouvoir reste absolu *en fait*, il est limité *en droit*, car elle est tenue de respecter et d'appliquer les prescriptions de la loi et ses décisions doivent, en outre, être conformes aux règles de la jurisprudence électorale qu'ont établies et le Conseil d'Etat et les assemblées antérieures. Si dans ces questions une Assemblée se laisse entraîner à prononcer, non plus *comme tribunal*, mais *comme jury*, c'est-à-dire sans tenir compte ni du texte et de l'esprit de la loi, ni des règles de la jurisprudence, elle en arrive à décider que *deux et deux font cinq*, et l'autorité morale de ses arrêts souverains se trouve bientôt gravement atteinte.

La Chambre des députés nommée le 20 février dernier ne

s'est-elle pas plus d'une fois laissée entraîner à faire cette regrettable confusion entre ses attributions, si différentes, *de jury* et *de tribunal?* N'est-elle pas arrivée ainsi à adopter une jurisprudence absolument contraire à celle de la loi?

C'est ce que nous pensons, c'est ce que nous avons voulu mettre en lumière dans ce travail.

Lanouée, 9 mai 1876.

DE JANZÉ,

Ancien Député.

QUESTION DE LÉGALITÉ.

M. de Douville Maillefeu, ancien officier de marine, avait souffleté un sous-préfet de l'empire par lequel il avait été gravement insulté. Poursuivi pour ce fait au moment où ses devoirs militaires le retenaient à Paris, il s'était vu, le 31 août 1870, condamné, *par défaut*, à deux années d'emprisonnement, par application de l'art. 16 du décret du 2 février 1852. Un arrêt, *par défaut aussi*, avait confirmé ce jugement au mois de mars 1871, alors que M. de Douville, arrêté avec Clément Thomas, était menacé de périr comme lui. Enfin, à la veille des élections de juillet 1871, M. de Douville allait se présenter devant la cour d'Amiens, appelée à se prononcer sur l'opposition dont il avait frappé l'arrêt *par défaut* rendu contre lui. A ce moment, le ministère, dans une préoccupation d'ordre et d'intérêt publics, lui demande de ne pas soulever le débat. Il refuse d'abord. On le mène deux fois chez le Président de la République et, à sa seconde visite, on lui dit : Vous n'avez jamais commencé votre peine et l'incapacité politique de cinq ans qu'entraînerait votre condamnation ne naîtrait qu'à l'expiration de la peine de l'emprisonnement que vous ne subirez jamais, car une décision gracieuse vous en fera remise. Devant ces affirmations, il cède et laisse rendre, sans se présenter devant la cour, un arrêt définitif qui confirme sa condamnation.

Suivant la promesse du gouvernement, une décision gracieuse intervient en sa faveur le 22 août 1871 ; cette décision lui fait remise de la peine de l'emprisonnement, mais *elle reste muette sur les incapacités résultant de cette condamnation.*

Au mois d'octobre 1871, M. de Douville est élu conseiller général. La commission chargée de vérifier son élection conclut à l'annulation, mais le conseil général, interprétant dans le sens le plus large la décision gracieuse du Président de la République, valide l'élection ; et, depuis 1871, M. de Douville siége au conseil général de la Somme.

Au mois de janvier 1876, il est porté sur la liste des électeurs sénatoriaux et admis à prendre part à l'élection des sénateurs.

Enfin, le 20 février 1876, il est élu député, et, le 6 avril, la Chambre des députés est appelée à statuer sur la validité de son élection.

La question de capacité politique du candidat élu, quoi qu'on en ait dit, arrivait bien tout entière devant la Chambre des députés. En effet, l'inscription de M. de Douville sur la liste des électeurs sénatoriaux pouvait aussi bien avoir été faite à tort qu'à raison.

D'un autre côté, la qualité de conseiller général d'un candidat élu n'est pas, pour la Chambre des députés, *une preuve*, mais seulement *une présomption* de la capacité politique de ce candidat. Cela est si vrai que si, au cours du débat sur l'élection, il venait à être établi que ce candidat n'est pas français, ou qu'un jugement, jusqu'alors ignoré, l'a frappé d'incapacité, il serait incontestablement invalidé *comme inéligible,* en dépit de sa qualité de conseiller général.

M. Gambetta prétendait en vain que la capacité politique d'un homme ne peut se discuter *qu'une fois* ; que le conseil général de la Somme, assemblée compétente et souveraine, ayant clos le débat sur ce point, M. de Douville entrait *ipso facto* à la Chambre, *investi de la plénitude de ses droits politiques.* Cette théorie n'était rien autre chose que la dépossession de la Chambre des députés et la négation inacceptable de son droit souverain en matière de vérification de pouvoirs. Elle avait été, du reste, réfutée à l'avance par l'exposé de principes fait en 1872 par le Ministre de l'Intérieur, dans sa lettre au procureur-général d'Amiens :

« Quelle que soit, disait-il, *la valeur* de l'interprétation

» donnée par le conseil général de la Somme à la décision
» gracieuse du 22 août 1871, il y a lieu de *réserver la solution*
» *finale de la question à la Chambre des députés,* qui en sera
» le juge naturel, si M. de Douville est élu. »

La liberté d'appréciation de la Chambre des députés était
donc entière et absolue le 6 avril, et c'est *comme tribunal* qu'elle
devait statuer sur la question de légalité qui lui était soumise.

Or, la loi décide, ainsi que l'a établi la jurisprudence de la
cour de cassation (1) :

1° Que la *grâce* dispense le condamné de *tout* ou partie de
la peine, mais laisse subsister la condamnation, et que, par
suite, l'*incapacité électorale persiste;*

2° Que, si la peine *n'a pas été subie,* le point de départ des
cinq ans d'incapacité sera le moment à compter duquel le condamné *n'aura plus été tenu de la subir;* en cas de grâce, *le
moment où la grâce aura été accordée;* en cas d'insoumission
de fait, le moment où *la prescription* de la peine aura été ac-
quise au condamné.

La grâce accordée à M. de Douville laisse donc subsister l'incapacité électorale, et la date de cette grâce, 22 août 1871,
étant le point de départ des cinq ans d'incapacité, M. de Douville n'est légalement ni électeur, ni éligible avant le 22 août 1876.

Dura lex, sed lex, et la Chambre des députés, statuant *comme
tribunal* dans une question de légalité, aurait appliqué la loi
et annulé l'élection de M. de Douville. Elle a cru pouvoir statuer *comme jury* dans une question de cette nature; elle a pensé,
avec le rapporteur, qu'il y aurait *injustice flagrante* à faire
supporter à M. de Douville les conséquences d'une condamnation qui eût été certainement modifiée, si celui-ci n'avait pas
accepté la décision des premiers juges, à raison de l'intention
manifestée par le Gouvernement d'effacer les conséquences de
cette condamnation ; et, par des raisons d'équité d'une incontestable valeur morale, elle a validé l'élection.

C'est donc seulement au nom des principes que nous cri-

(1) Hérold. *Le Droit électoral devant la Cour de cassation.* — Paris, 1869,
pages 36 et 78.

tiquons le verdict de la Chambre des députés, et ce qui met en lumière tout ce qu'il y a d'excessif dans la faculté laissée aux assemblées élues de statuer *comme jury* dans des questions de pure légalité, c'est la situation qui est faite aujourd'hui à M. de Douville. Il est conseiller général et député en vertu de décisions souveraines et sans appel ; cependant, jusqu'au 22 août 1876, il ne peut être *légalement* ni conseiller municipal ni même électeur. Si, avant cette date fatale, sa qualité de conseiller municipal ou son inscription sur une liste électorale était contestée, le conseil de préfecture et le conseil d'Etat, tribunaux obligés *d'appliquer la loi*, annuleraient sa nomination de conseiller municipal et prononceraient sa radiation de la liste électorale.

QUESTIONS DE CHIFFRES.

On constate le vote de chaque électeur au moyen d'un émargement opéré au cours des opérations électorales, sur les feuilles d'inscription, par un membre du bureau. En outre, lorsque les scrutateurs procèdent au dépouillement du scrutin, s'ils trouvent des bulletins doubles ou triples réunis dans les mêmes plis, ils les vérifient. Si ces bulletins pliés ensemble sont identiques, ils sont comptés pour un seul suffrage; si, au contraire, ils portent des noms différents, ce vote contradictoire est annulé et, assimilé à un vote par bulletin blanc, il est déduit du nombre des suffrages exprimés. Le nombre des bulletins trouvés dans l'urne devrait donc toujours être rigoureusement égal à celui des votants constaté par les émargements ; cependant, il arrive souvent qu'il lui est supérieur et quelquefois qu'il lui est inférieur.

S'il lui est supérieur, c'est, ou parce que les bulletins doubles pliés ensemble se sont séparés quand la boîte du scrutin a été vidée sur la table de dépouillement, ou parce que des bulletins ont été introduits dans l'urne frauduleusement, ou, enfin, parce que des omissions ont été commises dans les émargements.

Ces bulletins *en excédant* pouvant provenir soit d'une erreur, soit d'une fraude, la jurisprudence du Conseil d'Etat et des assemblées a établi qu'ils devaient être considérés comme nuls et retranchés du nombre des suffrages exprimés.

Quand, au contraire, le nombre des bulletins se trouve inférieur à celui des émargements, comme les émargements sont le contrôle des votes, on peut supposer que ceux qui ne correspondent plus à aucun vote s'appliquaient à des bulletins qui ont disparu au cours du dépouillement du scrutin (1). En conséquence, on doit *ajouter* au chiffre des suffrages exprimés, un nombre de voix égal aux émargements *en excès*.

C'est cette jurisprudence que la Chambre des députés a admise pour l'élection de M. Chesnelong.

Il y avait dans certaines communes 25 bulletins *en trop* et dans d'autres 5 émargements *en excès;* pour établir le compte des suffrages exprimés, on a, d'une part, retranché 25 voix pour les bulletins et, de l'autre, ajouté cinq votes pour les émargements.

Mais, lorsqu'il s'est agi de la répartition de ces retranchements et additions entre les divers candidats, on a commis une singulière erreur.

Au lieu d'ajouter 5 voix, pour les émargements *en excès*, aux concurrents de M. Chesnelong et de retrancher à celui-ci 25 voix pour les bulletins *en trop*, on a fait une compensation préalable entre les additions et les soustractions, et, cette opération faite, on s'est borné à retrancher à M. Chesnelong *la différence*, soit 29 voix (2). Le nombre des votants étant de 16,672 et la majorité de 8,337, M. Chesnelong, après cette opération *erronée*, conservait deux voix de plus que la majorité absolue.

Si l'on avait procédé conformément aux règles de la logique

<hr>

(1) Election Poujade, 29 mars 1876, rapport Mallet.

À **Pernes**, au moment du dépouillement, 20 *bulletins ont été soustraits,* de l'aveu même du bureau.

(2) **Si ce système de** *compensation* préalable était accepté, il suffirait, pour **annuler à l'avance** toutes les fraudes et les irrégularités de votes qui pourraient se produire dans une circonscription électorale, que le bureau d'une commune importante émargeât tous les noms portés sur les feuilles d'inscription de cette commune. Ces émargements *en excès* compenseraient les bulletins *en trop* qui pourraient être déposés dans les autres communes par fraude ou par erreur.

et de la jurisprudence du Conseil d'Etat (1), on aurait ajouté aux 8,333 voix obtenues par les concurrents de M. Chesnelong, 5 voix pour les émargements *en excès*, ce qui leur donnait 8,338 voix, et l'on eût retranché à M. Chesnelong 25 voix pour les bulletins en trop, ce qui réduisait à 8,334 le nombre de suffrages obtenus par lui, nombre inférieur au chiffre de la majorité absolue (8,337). L'élection de M. Chesnelong était donc nulle, il avait été proclamé à tort par la commission de recensement.

En résumé, le nombre des votants se calcule, non sur le nombre des bulletins trouvés dans l'urne, mais sur celui des émargements (2).

(1) **Décret du 12 mai 1868 :**

« **Considérant** que si, lors du dépouillement du scrutin, il s'est trouvé dans
» l'urne de la commune de Fortmoville *onze bulletins en moins*, et dans les
» communes de Beuzeville et de Berville deux bulletins en sus du nombre des
» votants constaté par la liste d'émargement, il est établi qu'*en déduisant quatre*
» *suffrages* (pour les bulletins en trop) du nombre de voix obtenues par le sieur
» Vauquelin, et *en attribuant à son concurrent onze suffrages en plus de*
» *ceux qu'il a eus* (pour les émargements en excès), ledit sieur Vauquelin con-
» serve la majorité nécessaire pour être élu. »

(2) En vertu de son *omnipotence*, une assemblée peut cependant ne tenir aucun compte de cette règle de jurisprudence universellement acceptée; elle peut même violer la disposition impérative de la loi, qui ne veut pas qu'il y ait d'élection au premier tour, si le candidat proclamé n'a pas obtenu un nombre de voix égal à la majorité absolue des suffrages exprimés.

Ainsi en 1874, M. de Lucinge Faucigny, aujourd'hui député, était indûment proclamé conseiller général des Côtes-du-Nord par la commission de recense-ment. En effet, sur 2,837 suffrages exprimés, il n'avait réuni à un premier tour de scrutin que 1,418 voix, soit *une de moins que la majorité absolue*. Il y avait, en outre, 9 bulletins en sus des émargements qu'il fallait déduire du nombre des suffrages exprimés et des voix obtenues par le candidat proclamé, Cette déduction faite, M. de Lucinge Faucigny n'avait plus que 1,409 voix, soit *dix voix de moins que la majorité absolue*. (A).

(A) La situation était identique à celle de M. Malartre, invalidé par la Chambre des députés le 20 mars dernier. M. Malartre avait une voix *de moins* que la majorité absolue et, déduction faite des bulletins en sus des émargements, il lui manquait 36 voix pour avoir cette majorité.

En outre des bulletins trouvés en trop, il faut encore défalquer du nombre des votants :

1° Les bulletins blancs ;

2° Les bulletins qui doivent être annulés, c'est-à-dire :

Ceux qui ne contiennent pas une désignation suffisante ;

Ceux dans lesquels les électeurs se font connaître ;

Ceux qui contiennent des qualifications injurieuses ou inconstitutionnelles ;

Ceux qui portent des marques extérieures, ou qui ne sont pas sur papier blanc.

Pour que défalcation soit faite de ces bulletins annulés par les bureaux de vote, *il faut qu'ils aient été annexés aux procès-verbaux* (1).

C'est ce qu'a décidé avec raison la jurisprudence du Conseil d'Etat, attendu qu'en cas de destruction de ces bulletins, l'autorité appelée à statuer sur l'élection se trouve dépourvue de tout moyen de vérification et d'appréciation de ces bulletins, en tant que suffrages exprimés.

Pour ne donner qu'un exemple de la sagesse de cette jurisprudence, nous rappellerons que dans l'élection Ponjade, le bureau de la Chambre des députés avait ajouté, comme devant être nécessairement comptés à M. Poujade, 37 bulletins *annulés à*

M. Armet de L'Isle, *un jurisconsulte,* soutint cette thèse : « Si le conseil » général est *omnipotent,* c'est qu'aucune loi ne lui interdit de se prononcer, » et s'il lui est démontré que la volonté des électeurs *s'est manifestée pour tel* » *ou tel candidat,* il doit la respecter, sans se laisser entraîner *par des calculs* » *d'un rigorisme outré.* En tout état de cause, le prince de Lucinge a la » majorité *relative* (c'était un 1er tour.) *Il n'y a pas de juridiction au-dessus* » *de nous, il n'y a pas de précédent, la loi nous permet de valider ;* nous » ne dépendons *que de notre conscience,* invoquons-là et nous validerons cette » élection en toute justice, au lieu de renvoyer aux urnes les électeurs de » Belle-Isle. » Conformément à cette argumentation, le conseil général des Côtes-du-Nord, par 26 voix contre 20, valida cette élection. C'est ainsi que M. de Lucinge Fauoigny, nommé député le 20 février dernier, se trouve entrer à la Chambre *investi,* pour employer les expressions de M. Gambetta, *de la plénitude de ses droits politiques.*

(1) Dalloz, *Organisation administrative,* 598-969, 970, 971.

tort et qu'il en comptait, d'autre part, *cinq* à attribuer à son concurrent, M. Barcillon.

Cette rectification, si importante dans une élection où il n'y avait entre les deux concurrents qu'une différence de *six* voix, eût été impossible, si l'on n'eût pas annexé aux procès-verbaux tous les bulletins annulés à tort ou à raison.

On défalque encore du nombre des suffrages exprimés les votes irrégulièrement émis par des individus *non inscrits ou tardivement inscrits sur les listes électorales* (1), et enfin, les résultats complets du vote des communes où les opérations ont présenté assez d'irrégularités pour être annulées. Au contraire, on ajoute au nombre des votants un chiffre égal à celui des électeurs qui ont été empêchés de voter par l'inexécution d'une prescription de la loi.

(1) Dalloz, *Organisation administrative,* 913.

Tout citoyen *inscrit* sur les listes électorales a droit de prendre part à l'élection. — Il a été jugé :

Que lorsqu'un individu a été frappé d'une condamnation judiciaire qui aurait dû le priver du droit d'être électeur, mais qui est néanmoins resté inscrit sur la liste électorale, le bureau ne peut refuser de l'admettre à voter ;

Qu'il en est de même d'un étranger inscrit à tort sur la liste électorale, si son inscription n'a pas été attaquée en temps utile ;

Que le bureau ne peut non plus refuser d'admettre le vote d'un individu qui ne jouit pas de ses facultés mentales, s'il est inscrit sur les listes électorales.

Un décret du Conseil d'Etat, en date du 6 juin 1868, maintient une élection dans laquelle un candidat condamné pour vol, *ayant par conséquent perdu sa capacité électorale,* avait été admis à voter, quoique *en déduisant sa voix* du nombre des suffrages exprimés et du nombre des suffrages obtenus par le candidat élu, celui-ci *ne se trouvât plus avoir la majorité..*

« Considérant que (ce condammé) figurait sur la liste électorale de la section » de...., que son inscription n'avait pas été attaquée dans les délais prévus » par la loi, et qu'en conséquence le bureau électoral *ne pouvait refuser de* » *recevoir son vote.* »

Le rapporteur de l'élection Poujade, 29 mars 1876, écarte ainsi une protestation signalant trois votes comme ayant été émis par trois votants frappés d'incapacité légale :

« Inscrits sur les listes électorales, les électeurs sus-nommés ont pu voter » sous leur propre responsabilité et à leurs risques et périls. (Circulaire mi-» nistérielle de décembre 1875, art. 18 de la loi du 2 février 1852. »

Ainsi la loi prescrit de laisser le scrutin ouvert jusqu'à 6 heures ; or, dans une section de vote, on l'avait fermé à 4 heures 1/2, alors que 54 électeurs seulement, sur 68 inscrits, avaient pris part au vote. La Chambre des députés, sur le rapport de M. Lisbonne, a admis qu'il fallait ajouter aux votes émis, 14 suffrages qui *auraient pu* être déposés par les électeurs qui n'avaient pas voté. De même encore, elle a annulé, le 8 avril 1876, l'élection de M. Fairé, parce que son élection avait été faite sur la liste politique *seule,* tandis que la loi prescrivait de faire voter sur *les listes antérieures* (liste politique et liste municipale). Cette infraction à une prescription de la loi avait pu empêcher le vote de 1,500 à 2,000 électeurs, et M. Fairé n'avait eu que 43 voix de plus que la majorité nécessaire.

C'est sur le nombre des suffrages exprimés, ainsi rectifié par les soustractions et les additions que nous venons d'énumérer, que se calcule le chiffre de la majorité absolue, nécessaire pour qu'il y ait élection au premier tour de scrutin.

Pour qu'un candidat puisse être déclaré élu *au premier tour de scrutin,* soit par la commission de recensement, soit par les juges de l'élection, il faut que, déduction faite des suffrages indûment émis et des bulletins trouvés en trop dans les urnes, il conserve un nombre de voix égal à la majorité absolue des suffrages exprimés et au quart du nombre des électeurs inscrits.

Pour qu'il soit déclaré élu au second tour de scrutin, il suffit qu'il ait obtenu la majorité relative des suffrages exprimés, quel que soit le nombre de ces suffrages. Toutefois, au second tour, si plusieurs candidats ont obtenu un même nombre de voix, la préférence, entre ces candidats qui ont obtenu la pluralité des suffrages, est accordée au plus âgé et la loi le déclare élu *sans qu'il y ait eu de majorité.*

Hors ce cas, il n'y a pas d'élection sans une majorité certaine, incontestable, *légalement constatée.*

Il suit de là qu'un candidat proclamé ne peut être déclaré élu au second tour, si, déduction faite des suffrages indûment émis et des bulletins trouvés en trop, il ne conserve plus de voix qu'il n'en a été attribué à son concurrent *avant toute déduction.*

Il doit, en effet, prouver qu'il a eu une majorité *certaine,* et il ne peut le faire qu'en admettant cette hypothèse que tous les votes *douteux* lui étant exclusivement imputés comme émis en sa faveur, il conserve encore la majorité relative.

Mais, objecte-t-on, si l'on n'opère pas en même temps une réduction sur le nombre de voix obtenu par le candidat qui était tout d'abord en minorité, c'est celui-ci qu'il faudra déclarer élu !

Cette conclusion absurde ferait bénéficier des votes *douteux* le candidat qui a eu la minorité, et, pour la repousser, il suffit d'énoncer l'hypothèse, aussi plausible que la première, que tous ces votes douteux ont été émis en sa faveur.

La conclusion *vraie* est qu'aucun des candidats n'a obtenu une majorité *légalement constatée,* que l'élection n'a pas abouti, qu'elle est nulle, et qu'il faut la recommencer tout comme on le ferait si elle avait été annulée, pour manœuvres, corruptions, etc., après avoir donné un résultat (1).

Quoi qu'ait pu décider la Chambre des députés, en vertu d'une interprétation erronée de la jurisprudence du Conseil d'État, les juges de l'élection n'ont pas le droit de rechercher, en dehors des votes *régulièrement* émis, si le candidat qui n'a

---

(1) Dalloz, 961, *Organisation administrative.* — Dans le cas où, après l'annulation d'une élection faite à un deuxième tour, si on procède à une troisieme opération, la majorité absolue est-elle nécessaire? Jugé que cette nouvelle élection doit être considérée *comme une opération nouvelle,* et non comme la continuation de la première ; qu'en conséquence, la nomination ne peut avoir lieu à la majorité relative qu'après un premier tour de scrutin qui n'aurait point donné de majorité absolue. (Cons. d'État, 4 mai et 4 décembre 1835, 12 août 1861.)

Lorsque, par suite de l'omission dans le calcul des suffrages exprimés de suffrages qui auraient dû être comptés, le candidat *n'a pas obtenu la majorité légale,* le bureau de la Chambre ne peut demander l'annulation *de la proclamation* de l'élection et le renvoi à un second tour de scrutin ; il doit demander *l'annulation pure et simple de l'élection.*

(Election Pelletan. — Corps législatif, 17 novembre 1863),

pas une majorité *légalement constatée* peut cependant, en vertu de telles ou telles considérations, être déclaré élu. En effet, en agissant ainsi, ils commettent un abus de pouvoir, ils substituent arbitrairement leur appréciation à la loi elle-même, que leur premier devoir est de respecter et d'appliquer.

Le Conseil d'Etat statue également sur les élections départementales et d'arrondissement, *élections uninominales*, et sur les élections municipales, *élections faites par scrutin de liste*. Dans le premier cas, voici quelle est sa jurisprudence, en ce qui concerne le retranchement, soit des suffrages indûment émis, soit des bulletins trouvés *en trop* dans les urnes.

« Les bulletins qui se trouvent en sus du nombre des vo-
» tants sont annulés, et *l'on retranche au candidat élu* un
» nombre de voix égal à cet excédant de suffrages ; si, dé-
» duction faite de cet excédant, le résultat de l'élection n'est
» pas modifié, c'est-à-dire si le nombre de suffrages accordés
» au candidat proclamé *dépasse la majorité*, l'élection est
» maintenue. »

(Dalloz. — Organisation administrative, 589).

Les nombreux arrêts confirmant l'application de cette jurisdence au premier tour de scrutin sont libellés ainsi :

« Considérant que, déduction faite de ces suffrages ou de
» ces bulletins, *le candidat élu* conserve ou ne conserve pas
» la majorité absolue, l'élection est validée ou annulée. »

Au second tour de scrutin, l'application est la même, témoin ce considérant de l'arrêt du 30 juin 1860, rejetant la requête présentée par le sieur Gignac contre l'arrêté de préfecture qui avait annulé son élection :

« Considérant qu'il résulte de l'instruction, que 20 à 27 in-
» dividus *non électeurs* ont été admis à voter dans la com-
» mune de Bouy; qu'il y a lieu de retrancher ces votes, irré-
» gulièrement exprimés, du nombre des suffrages obtenus
» par le sieur Gignac ; que, dès lors, le sieur Gignac, qui n'a
» été proclamé membre du conseil général *qu'avec une majo-*
» *rité de 17 voix sur son concurrent*, PERD CETTE MAJORITÉ ;

» qu'ainsi c'est avec raison que le conseil de préfecture de la
» Charente *a déclaré nulles* les opérations électorales aux-
» quelles il a été procédé les 17 et 18 mai 1868, dans le
» deuxième canton d'Angoulême, pour la nomination d'un
» membre du conseil général, et à la suite desquelles ledit
» sieur Gignac avait été proclamé membre de ce conseil ;
» Rejette, etc. »

Dans ces élections *uninominales,* il n'y a qu'un candidat à
élire, et c'est le candidat proclamé seul pour qui se pose la
question de savoir s'il y a eu ou non majorité *légalement
constatée.* C'est donc à lui seul qu'on doit faire subir le retranchement de tous les votes *douteux* dont il peut avoir béné-
ficié, et si, ce retranchement opéré, il n'a plus la majorité
nécessaire, il n'y a élection pour personne ; il faut recommencer
les opérations électorales qui n'ont pas donné de résultat.

Dans le cas où les élections se font par scrutin de liste, où
il y a plusieurs candidats à élire en même temps, l'élection
n'est pas forcément nulle ou valable *dans son ensemble* ; elle
peut donner des résultats partiels, et un certain nombre de
candidats peuvent être proclamés, tandis que les autres ne le
sont pas.

C'est pourquoi, dans les élections *par scrutin de liste,* la
jurisprudence du Conseil d'Etat est qu'il faut faire subir les
retranchements de votes, non plus à un seul candidat, mais à
chacun des candidats *proclamés.* Ici encore on ne fait subir de
retranchement qu'aux candidats qui, au premier tour, ont
eu la majorité absolue, et, au second tour, une majorité relative suffisante pour être compris dans le nombre des candidats proclamés.

Le décret suivant, en date du 16 décembre 1856, établit
clairement quelle est l'application de cette jurisprudence :

« Considérant 1° qu'au premier tour de scrutin, le nombre
» des votants était de 140 ; retranchant (électeurs non-inscrits)
» 3 bulletins du total des suffrages exprimés et du nombre
» des voix obtenues par *chaque candidat,* le nombre des suf-

» frages exprimés est réduit à 137 et celui de la majorité
» absolue à 69 ; que le sieur L., qui avait obtenu 71 suffrages,
» n'en conserve que 68, nombre insuffisant pour être élu.
» 2° Qu'au deuxième tour de scrutin, le sieur L., *dernier*
» *candidat élu*, n'avait obtenu qu'un nombre de suffrages *égal*
» à celui obtenu par le sieur A. et qu'il n'avait été proclamé
» membre du conseil municipal *que parce qu'il était plus âgé*
» que le sieur A. ; que, dans ces circonstances, en retranchant
» 3 bulletins du nombre des suffrages par lui obtenus, *il ne*
» *réunissait pas la majorité relative*, l'élection des sieurs L. et C.
» est annulée. »

Au premier tour, on retranche à chaque candidat *ayant obtenu la majorité absolue* 3 suffrages ; un seul, après ce retranchement, ne réunit plus la majorité absolue, son élection est annulée.

Au second tour, le dernier des candidats proclamés avait eu le même nombre de voix qu'un de ses concurrents et ne lui avait été préféré que parce qu'il était plus âgé ; après retranchement opéré sur chacun des candidats proclamés, le dernier se trouve avoir *moins de voix* que le non-proclamé, à qui l'on ne fait subir aucun retranchement ; il n'a plus la majorité relative, *ni même l'égalité* de suffrages qui assurait son élection par le bénéfice de l'âge, son élection est annulée.

La Chambre des députés a cru pouvoir emprunter à la jurisprudence du Conseil d'Etat le système du retranchement à opérer *à chaque candidat*, système applicable seulement aux élections *par scrutin de liste*, dans lequel il y plusieurs candidats *proclamés*.

Ce système, appliqué aux élections législatives, dans lesquelles il n'y a qu'un seul candidat *proclamé*, conduit à des résultats si choquants pour l'équité et le bon sens, qu'il nous semble impossible que la Chambre des députés puisse persister dans la jurisprudence qu'elle a adoptée.

C'est le 18 mars dernier que cette jurisprudence s'est introduite, pour ainsi dire par insinuation, à la Chambre des députés.

M. Bouteille, proclamé député au second tour de scrutin,

n'avait réuni que 5 voix de majorité *relative*, mais, comme il fallait lui retrancher 21 voix pour un nombre égal de bulletins en sus des émargements, il n'avait plus cette majorité.

« Ainsi, disait le rapporteur, son concurrent prendrait la
» tête, et, comme cette solution serait absurde, *on en serait ré-*
» *duit à prononcer l'annulation de l'élection.* Mais telle n'est
» pas la jurisprudence du Conseil d'Etat. De nombreux arrêts
» ont établi ce principe que les votes indûment admis doivent
» être retranchés du nombre des suffrages exprimés et du
» nombre de ceux obtenus par les candidats *proclamés,* et qu'il
» y a lieu d'annuler l'élection de ces candidats lorsque cette
» déduction leur fait perdre la majorité. (1) »

Après avoir cité d'autres arrêts analogues, le rapporteur disait : « Si, au premier tour, cette jurisprudence a trouvé
» équitable de supprimer à chacun des candidats un nombre
» de suffrages égal à l'excédant des bulletins sur les émarge-
» ments, pourquoi retrancherait-on, au second tour, ce même
» excédant *au seul candidat élu?* Pourquoi le député élu,
» M. Bouteille, verrait-il son élection invalidée *au profit de*
» *son concurrent,* resté en minorité et qui serait seul, au fond,
» à profiter d'une décision concluant à l'invalidité?... *En tenant*
» *compte des faits de pression administrative* qui se sont pro-
» duits contre la candidature de M. Bouteille, et SANS VOULOIR
» FIXER PRÉSENTEMENT DE JURISPRUDENCE, le premier bureau
» vous propose la validation de l'élection de M. Bouteille. »

M. Andrieux, qui peut revendiquer l'honneur d'avoir fait adopter les conclusions du rapport par la Chambre des députés, avait bien compris que, pour faire valider l'élection de M. Bouteille, il ne fallait pas trop insister sur la valeur de cette singulière jurisprudence.

Aussi, après s'être contenté de dire que le système de retrancher au candidat heureux les votes *douteux* conduirait logiquement à cette conséquence absurde qu'il faut proclamer

(1) Décret du Conseil d'Etat, 23 janvier 1872.

élu celui qui a obtenu le moins de voix, s'était-il empressé d'aborder un autre ordre de considérations, de nature à entraîner plus sûrement le vote de l'assemblée.

« Le doute, disait-il, doit recevoir une interprétation fa-
» vorable à l'admission de l'élu... Vous ne savez pas à qui
» ont profité les suffrages irréguliers. Dans le doute, ne vous
» exposez pas à commettre l'iniquité qui consisterait *à en faire*
» *profiter* celui qui, *d'après les apparences*, est un candidat
» repoussé par le suffrage universel...

» Lorsque vous examinez de quel côté se trouve le plus
» grand nombre de suffrages, vous résolvez une question de
» fait et non une question de droit, dans la plupart des cas.
» Vous jugez *comme pourrait juger un jury*; vous exprimez
» votre conviction, sans avoir à rendre compte des mobiles qui
» l'ont formée.....

» Le candidat opposé à M. Bouteille a eu l'appui de l'admi-
» nistration ; je vous le demande, cet appui n'était-il pas de
» nature à déplacer un nombre de voix qui grossirait singuliè-
» rement, *si on en tenait compte*, la majorité obtenue par
» M. Bouteille ?

« Les circonstances, vous en devez *tenir compte*, vous devez
» les apprécier lorsque vous avez à statuer souverainement,
» *en votre conscience*, sur des faits d'élection.....

» Occupons-nous des principes et de la jurisprudence, *des*
» *conditions des circonstances particulières* du débat.

» La décision sera toujours la même, et ce sera, de plus,
» conforme à l'équité en même temps *qu'une présomption,*
» puisque nous arriverons à valider l'élection de celui qui a
» eu le plus grand nombre de suffrages *dans les circonstances*
» *les plus défavorables*, c'est-à-dire quand il a eu à lutter
» contre un candidat officiel. »

Le débat avait singulièrement dévié, et quand, après cette péroraison de M. Andrieux, la Chambre se laisssait entraîner à *statuer comme un jury* sur cette question de chiffres et de jurisprudence, elle ne songeait guère qu'elle créait une nouvelle jurisprudence.

En effet, le rapporteur avait déclaré qu'il fallait valider l'élection de M. Bouteille, *en tenant compte des faits de pression administrative et sans vouloir fixer présentement de jurisprudence.* De son côté, M. Andrieux, laissant presque absolument de côté le système proposé par le rapporteur, s'était borné à réclamer la validation du candidat qui avait obtenu le plus grand nombre de voix dans les circonstances les plus défavorables, c'est-à-dire en ayant à lutter contre un candidat officiel. Cependant, la validation une fois prononcée, à raison de ces considérations absolument étrangères au mode qu'il convient d'adopter pour opérer équitablement les retranchements de votes irréguliers, *la jurisprudence de la Chambre se trouva fixée.*

Et il ne se passa plus un seul jour sans qu'on invoquât le précédent Bouteille et qu'on appliquât la jurisprudence nouvelle adoptée par la Chambre, ainsi :

ELECTIONS AU PREMIER TOUR DE SCRUTIN

1er avril. — *Election Renard.*

« D'autre part, 8 bulletins ayant été trouvés en sus des » émargements, il faut donc retrancher 8 voix *à chacun des* » *concurrents.* »

4 avril. — *Election Fauré.*

12 bulletins ont été trouvés en sus des émargements, il faut donc, *suivant les précédents adoptés par la Chambre,* faire subir *à chacun des candidats* un retranchement de 12 suffrages.

5 avril. — *Election Bourgoing.*

Il faut déduire *à chacun des candidats* 8 bulletins trouvés en sus des émargements.

Le 7 avril M. Chesnelong dit enfin :

« *C'est votre propre jurisprudence*, vous l'avez sanctionnée il y a 3 jours, dans l'élection Fauré. »

ELECTION AU DEUXIÈME TOUR DE SCRUTIN

29 mars. — *Elections Poujade.* — Rapport :

« Ont obtenu..... ce qui établit en faveur de **M. Poujade**
» une majorité de 6 voix.
» Toutefois, en comparant les suffrages obtenus par les deux
» concurrents et le nombre des suffrages exprimés, on trouve
» une différence de 46 suffrages *en sus.* D'ailleurs, *d'après la*
» *jurisprudence acceptée par la Chambre*, ces 46 voix étant
» retranchées *à l'un et à l'autre candidat*, la majorité ne serait
» pas altérée et *resterait la même.* »

31 mars. — *Election La Rochejacquelein.*

« 36 électeurs, portés sur la liste complémentaire de 1876,
» ont été admis par erreur à voter. *La Chambre a adopté à*
» *cet égard une jurisprudence fixe* : quand des électeurs ont
» voté indûment, un nombre égal de voix doit être retranché
» *aux deux candidats.* »

5 avril. — *Election Mir.*

M. Savoye. — « La majorité obtenue par M. Mir, au deuxième
» tour de scrutin, *est de 57 voix.* M. le rapporteur a expliqué
» comment, dans 13 ou 14 communes ; les faits ne sont pas dé-
» niés et je prends les chiffres du rapport. *107 individus ont*
» *été portés irrégulièrement sur les listes.* »

M. Mir. — « Ce n'est point derrière la jurisprudence du Con-
» seil d'Etat, ce n'est point derrière la jurisprudence du Corps

» législatif, *c'est derrière la jurisprudence toute récente de la*
» *Chambre des députés actuelle que je veux placer la validité*
» *de mon élection.* »

M. Mir cite ensuite le précédent Bouteille et quelques-
unes des décisions de la Chambre que nous venons de men-
tionner plus haut ; puis il cherche à établir que les inscriptions
tardives qui nécessitent un retranchement de voix n'ont pas
été faites dans son intérêt, tout au contraire ; qu'il serait in-
juste de lui faire subir un retranchement de voix à raison de
faits qui lui ont été préjudiciables. Il cite une commune dans
laquelle six inscriptions tardives ont été faites et où son concurrent a obtenu 42 voix sur 42 votants.

La Chambre trouve la cause entendue et la validation est votée
sans que, cette fois encore, la jurisprudence nouvelle ait été
discutée.

En effet, le rapport n'avait pas demandé, à l'appui de la
validation, l'application à l'élection Mir de cette jurisprudence,
c'est-à-dire le retranchement *apparent*, à chaque candidat,
d'un nombre de voix égal aux suffrages irréguliers. Il avait
proposé de retrancher dans chaque commune, à celui des
deux candidats qui y avait eu la majorité, les suffrages irrégulièrement émis dans cette commune.

M. Savoye avait combattu ce système comme violant, au
moyen d'une présomption, le principe du secret du vote, en
supposant que, suivant que tel ou tel candidat a obtenu la
majorité dans une commune, les suffrages irréguliers de cette
commune lui ont été attribués.

Mais, cette fois encore, l'interprétation erronée de la jurisprudence du Conseil d'Etat, donnée à l'appui de la validation
de M. Bouteille, n'a pas été discutée. La considération déter-
minante de la validation de M. Mir semble avoir été cette raison
d'*équité* que ce candidat ne devait pas avoir à souffrir d'inscriptions tardives, faites dans l'intérêt de son concurrent. On
peut donc dire que, dans l'élection *Mir*, comme dans l'élection
Bouteille, la Chambre a statué *comme jury* sur une question de
jurisprudence.

La Chambre n'a pu se rendre compte qu'en réalité la jurisprudence du Conseil d'Etat est toute différente de la sienne, et que, conforme à l'équité, elle assure l'exécution de la loi, qui exige que nul ne soit élu s'il n'a obtenu une majorité *certaine et légalement constatée.*

Dans les élections *uninominales,* cette jurisprudence fait supporter le retranchement des votes irréguliers *au seul candidat proclamé*; dans les élections *par scrutin de liste,* elle fait supporter ce retranchement *à tous les candidats proclamés.* Dans un cas comme dans l'autre, elle ne fait supporter aucun retranchement aux candidats *non proclamés.* Dans les deux cas, si les candidats *proclamés,* après avoir subi la déduction des suffrages irréguliers, ne conservent pas, au premier tour, la majorité absolue, au second tour, la majorité relative, ils voient leur élection annulée, et, dans les délais fixés par la loi, le collége électoral est appelé à procéder à leur remplacement.

Voyons, au contraire, quelles sont les conséquences qu'entraîne l'application de la jurisprudence adoptée par la Chambre des députés.

Au premier tour de scrutin, l'application de cette jurisprudence est puérile, mais inoffensive. Un seul candidat a obtenu la majorité absolue, si, après le retranchement opéré, il conserve cette majorité; peu importe de faire ou non subir ce même retranchement de suffrages à son concurrent, *qui a déjà un chiffre de voix moindre* que cette majorité.

Mais s'il s'agit d'un second tour de scrutin, cette application donne les résultats les plus regrettables Comme il s'agit alors de majorité relative, c'est un procédé absolument vain que de faire subir ce même retranchement au candidat *proclamé* et à son concurrent. En effet, qu'on retranche aux deux candidats une voix ou cent voix, on fait une soustraction *absolument illusoire,* car l'écart reste toujours le même entre eux, et le candidat proclamé conserve toujours la même majorité relative sur son concurrent.

Or, pourquoi opérait-on ce retranchement des votes irréguliers?

« Parce que, comme l'a dit fort bien M. Léon Renault,
» rien n'empêche de supposer que ce sont des bulletins doubles
» dont le dépôt dans l'urne a amené la différence entre le chiffre
» des suffrages exprimés et celui des bulletins valables et que
» *tous ces bulletins portaient le nom de celui des candidats qui*
» *a réuni le plus grand nombre de voix. Si l'on ne les lui re-*
» *tranchait pas tous, sans exception, on serait exposé à déclarer*
» *élu un candidat qui, en fait, n'aurait pas les conditions d'éli-*
» *gibilité prescrites impérativement par la loi.* »

Eh bien! en retranchant les suffrages irréguliers de l'ensemble des voix obtenues par *chacun* des deux concurrents, le proclamé et le non-proclamé, en laissant ainsi subsister intact l'écart de voix *qui constitue la majorité relative*, au profit du candidat qui a obtenu le plus grand nombre de voix, que fait-on? *On fait semblant* de faire subir au candidat proclamé le retranchement intégral, sans lequel il n'a pas *les conditions d'éligibilité prescrites impérieusement par la loi*, et, par cette jonglerie arithmétique, on lui attribue, en réalité, le bénéfice de tous les votes irrégulièrement émis.

Si les juges de l'élection veulent, conformément à l'esprit de la loi et de la jurisprudence administrative, ne jamais proclamer élu un candidat qui n'a pas obtenu la majorité légale, il faut qu'ils imputent les votes irréguliers *sur la majorité relative elle-même* du candidat proclamé, sur les voix que ce candidat compte *en sus des suffrages qu'a obtenus son concurrent.*

S'ils procèdent autrement, ils déclarent bonne et valable une élection *nulle*, une élection qui n'a donné à aucun des candidats la majorité exigée par la loi; en d'autres termes, ils se substituent au suffrage universel et font eux-mêmes l'élection.

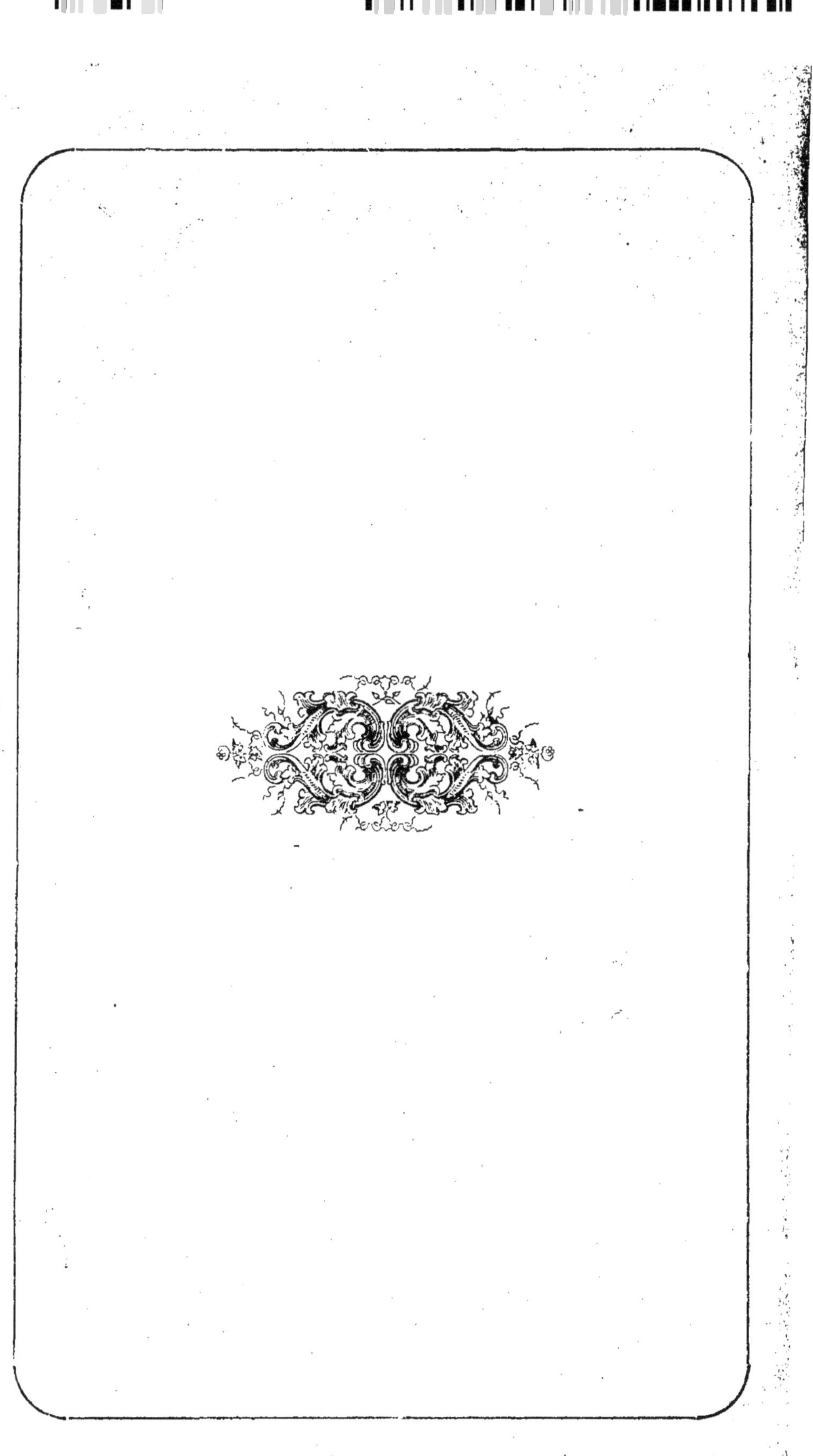

www.ingramcontent.com/pod-product-compliance
Lightning Source LLC
Chambersburg PA
CBHW051330050726
47595CB00006B/2295